# Los pastizales africanos

B

TIME
FOR KIDS

SEP 2012

D1279278

**William B. Rice**

## Asesores

**Timothy Rasinski, Ph.D.**
Kent State University

**Hope A. Smythe**
Científica medioambiental

## Créditos

Dona Herweck Rice, *Gerente de redacción*

Robin Erickson, *Directora de diseño y producción*

Lee Aucoin, *Directora creativa*

Conni Medina, M.A.Ed., *Directora editorial*

Stephanie Reid, *Editora de fotos*

Rachelle Cracchiolo, M.S.Ed., *Editora comercial*

Basado en los escritos de *TIME For Kids*.

*TIME For Kids* y el logotipo de *TIME For Kids* son marcas registradas de TIME Inc. Usado bajo licencia.

## Teacher Created Materials

5301 Oceanus Drive
Huntington Beach, CA 92649-1030
http://www.tcmpub.com

**ISBN 978-1-4333-4479-4**
© 2012 Teacher Created Materials, Inc.

# Tabla de contenido

# Dentro de los pastizales

Los altos y delgados pastos ondean y susurran en la brisa. Una **manada** de gacelas corre con elegantes saltos entre los tallos. Junto a un estanque de agua resplandeciente, una larga y delgada leona lame a sus crías. A lo lejos se oye el bramido de un elefante.

Éste es el mundo de los pastizales.

Los pastizales existen en varias regiones de África. Una de las zonas más hermosas y famosas es la formada por las llanuras del Serengeti, situadas en Tanzania, un país del África oriental.

África

PRADERA DEL SERENGETI

LAGO DE MANYARA

CRÁTER DEL NGORONGORO

TANZANIA

## ¿Qué significa?

El nombre *Serengeti* proviene del idioma **maasai** y significa "lugar vasto".

# Geografía y clima

El Serengeti por lo general tiene un clima cálido y seco. Sin embargo, llueve de marzo a mayo y un poco entre octubre y noviembre.

Tú tal vez estés acostumbrado a que las temperaturas más bajas del año se presenten entre septiembre y marzo, pero en el Serengeti la temporada más fría es de junio a octubre.

## Estaciones invertidas

Una línea invisible, llamada *ecuador*, divide a la Tierra en dos partes iguales. Al norte del ecuador está el hemisferio norte; al sur está el hemisferio sur. Las estaciones del año son opuestas en los dos hemisferios. Los pastizales africanos están en el hemisferio sur, de manera que cuando allí es verano, en el hemisferio norte es invierno.

## Temperatura media

La temperatura media en el Serengeti es de 59 a 77°F.

hemisferio norte

hemisferio sur

Las llanuras del Serengeti reciben aproximadamente 20 pulgadas de lluvia al año.

## Sabanas

Otro término que se usa para describir a los pastizales africanos es *sabanas*.

# El fuego y el agua

La característica más importante de los pastizales es que todo el año están cubiertos por pastos. En los pastizales también hay árboles y arbustos, aunque son pocos y están dispersos. Por lo general, en los pastizales de una región crece sólo una especie principal de árboles. Entre los árboles de los pastizales hay palmeras, pinos y acacias. Las llanuras del Serengeti están pobladas sobre todo por acacias.

## ¿Cómo sobreviven los animales a un incendio?

La mayoría de los animales tienen un sentido del olfato muy agudo y perciben las actividades de otros animales. Saben cuándo hay peligro y huyen. Casi todos los animales escapan antes de que el fuego los alcance. Las leyendas cuentan que los rinocerontes pueden llegar a apagar el fuego a pisotones antes de que se extienda demasiado.

El fuego tiene un papel importante en el Serengeti. Los pastos se incendian con regularidad. Las partes del pasto que están sobre la superficie se queman, pero las raíces, llamadas **rizomas**, están protegidas por el suelo y no arden, de manera que el pasto puede crecer de nuevo.

Aunque las raíces del pasto sobreviven, las otras plantas y árboles son consumidos por el fuego. Ésta es una de las principales razones por las que hay mucho más pasto que otras clases de plantas en los pastizales.

Los pastos de los pastizales pueden alcanzar la altura de un hombre de gran estatura.

Los incendios en el Serengeti son comunes e importantes para la región.

Los pastos, arbustos y árboles son importantes para los animales. Muchos de ellos se alimentan de estas plantas y las necesitan para sobrevivir.

El agua también es importante para todos los seres vivos. Como consecuencia de las temporadas de lluvia y sequía y del calor del sol, la tierra en ciertas zonas de los pastizales se endurece tanto como un ladrillo. Esta tierra dura se conoce como **caliche**. Cuando llueve en estas zonas, el suelo no absorbe el agua, sino que se estanca durante varios meses. Estos estanques son una fuente de agua para los animales.

A algunos animales, como los elefantes, les gusta salpicar en el agua y rodar en el lodo.

# ¿Por qué lo hacen?

¿Por qué crees que los animales ruedan y salpican en el agua? Por las mismas razones que tú saltas a una piscina, un lago o al mar: se mantienen frescos y además se divierten.

El largo cuello de la jirafa le ayuda a alcanzar las hojas altas de los árboles.

# Área de conservación de Ngorongoro

En Tanzania hay una gran región de pastizales protegidos, conocida como el área de **conservación** de Ngorongoro.

En esta área se encuentra el famoso **cráter** de Ngorongoro. El cráter fue formado por un **volcán**. Dentro del cráter hay un pequeño pastizal donde viven más de 25,000 animales grandes y por lo menos 500 clases de aves.

Esta área de conservación es mundialmente famosa por su belleza y por sus asombrosos paisajes. Gente de todo el mundo viene aquí para observar las aves, tomar fotografías e ir de **safari**.

## ¡Qué grande!

El cráter de Ngorongoro tiene 2,000 pies de profundidad. Si pusieras el edificio Empire State en el cráter, no llegaría a la cima. Lo más sorprendente es que el cráter mide más de 12 millas de ancho.

grullas cornadas negras

Estas cebras se alimentan al pie del cráter.

# Plantas de los pastizales

Las llanuras del Serengeti y otros pastizales están salpicadas de acacias. Las acacias son árboles capaces de sobrevivir en condiciones de poca agua y temperaturas extremas. Crecen a gran altura, tanto como un edificio de seis pisos.

Las acacias tienen ramas espinosas y flores blancas y esponjadas. Las espinas protegen las flores, hojas y vainas de la mayoría de los animales.

Las raíces de la acacia penetran a gran profundidad en el suelo para llegar hasta el agua en las épocas de sequía. Otras raíces se extienden justo debajo de la superficie para abarcar un área mayor cuando llueve.

árbol baobab

## El baobab

El baobab de los pastizales es uno de los árboles más grandes del mundo. Es más ancho que una casa y llega a medir ocho pisos de altura. Es muy resistente y puede sobrevivir el clima seco. ¡También sobrevive a los incendios!

# Jirafas hábiles

Las jirafas son los únicos animales capaces de comer las hojas de las acacias.

# El árbol "cepillo de dientes"

Los árboles arak son una especie importante en los pastizales. Tienen largos tallos. Cuando están verdes, los nativos de la región los cortan. Mastican las puntas hasta que parecen cepillos de dientes y los usan para limpiarse la dentadura.

Por supuesto, los pastos son muy importantes para los pastizales. Hay varias clases de pastos. Los pastos del Serengeti, conocidos como **césped**, son especialmente sabrosos para los animales **apacentadores**. Los pastos crecen bien en esta región porque las raíces se afianzan con firmeza al suelo.

sericura

Los pastos pueden crecer en áreas pequeñas o extensas.

# Clases de pastos

Hay muchas clases de pastos en los pastizales. Aquí se muestran algunos de los más importantes y sus características distintivas.

| Nombre | Características importantes | Ejemplo |
|---|---|---|
| **mijo africano** | de brillante color verde; crece casi dos pies de altura | |
| **heno rojo** | de color rojizo oscuro; común en el Serengeti | |
| **cola de conejo** | tiene flores que asemejan esponjosas orugas moradas | |
| **cerillo rojo** | tiene una hermosa disposición de las semillas | |

# Animales de los pastizales

¿Quiénes son los reyes de los pastizales? Los leones, por supuesto. Aunque al león se le conoce como el rey de la selva, vive en los pastizales y es la hembra la que caza para alimentar a la manada. Sin embargo, los machos son los principales protectores de la manada.

Los leones son los felinos más **sociales** y cooperadores. Esta tal vez sea la razón por la que sobreviven tan bien. Juegan y trabajan juntos, pero la mayor parte del tiempo duermen.

Las hienas manchadas también son animales sociales y **depredadores**, igual que los leones. Las hembras dirigen la manada y son sus principales protectoras. La hembra más grande o la más vieja es la líder de la manada.

## Enemigos mortales

Los leones y las hienas son enemigos mortales. Los leones machos procuran matar a las líderes de las manadas de hienas. Las hienas son los principales depredadores de los cachorros de león.

# Buitres

Los buitres son grandes aves que tienen un papel muy importante en la cadena alimenticia de los pastizales. Son animales carroñeros cuyo principal labor es comer y eliminar los **cadáveres** en descomposición. El buitre orejudo es el mayor de todos, con una envergadura de hasta diez pies.

Los elefantes africanos son grandes consumidores de alimentos de los pastizales. Pueden ingerir hasta 1,000 libras de plantas cada día. Comen casi cualquier cosa verde.

Una manada de elefantes está formada por entre ocho y quince parientes. Una hembra lidera la manada. Sin embargo, los machos son mucho más grandes que las hembras.

Los elefantes son famosos por sus trompas, que utilizan como si fueran manos. También son conocidos por su sonoro barritar, parecido al sonido de una trompeta.

# Escarabajos estercoleros

Los escarabajos estercoleros son muy útiles en el Serengeti, ya que esparcen **fertilizantes** y aflojan el suelo para que puedan crecer las plantas. Buscan excremento animal o estiércol y forman una pelota en la que depositan un huevo. Luego, entierran la pelota en el suelo. Las crías utilizan parte del estiércol como alimento.

# Sentimientos y recuerdos

La gente dice que los elefantes nunca olvidan. Tal vez sea cierto. Sabemos que tienen buena memoria. También tienen sentimientos. Los elefantes lloran, juegan y ríen. Se saludan cuando han estado separados cierto tiempo. Se entristecen por el fallecimiento de sus parientes y otros elefantes.

Los elefantes africanos tienen grandes orejas en forma de abanico, piel gruesa y arrugada y largos colmillos de marfil.

23

Las jirafas son los animales más altos de los pastizales. Son conocidas por sus largos cuellos que les permiten llegar a alimentos elevados. Comen las hojas de los árboles. La lengua de una jirafa es casi tan larga como tu brazo. Usan la lengua para separar las hojas de las ramas.

Las jirafas tienen excelente oído y vista y un agudo sentido del olfato. Son gráciles y rápidas corredoras.

## Suricatos

En los pastizales se pueden ver unos animales parecidos a los gatos, posados sobre pequeñas colinas. Son suricatos. Los suricatos son simpáticos, amistosos y se ayudan mutuamente. Mientras los otros suricatos del grupo duermen o buscan alimentos, uno de ellos está de guardia. A los suricatos les encanta comer todo tipo de insectos.

Los guepardos están hechos para correr. Cuando persiguen a sus **presas** en los pastizales, van casi tan rápido como un automóvil en una autopista. Las patas y garras les ayudan a tener tracción en el suelo. Usan las largas colas para mantener el equilibrio cuando corren.

Los guepardos son tal vez los animales terrestres más rápidos. Sus presas principales son impalas y gacelas.

Un guepardo hace tropezar a su presa mientras corre y la atrapa cuando cae.

## Gacela de Thomson

Las gacelas de Thomson tienen una franja oscura en los costados y una mancha blanca en el lomo. Son de color marrón en la parte superior y tienen el vientre de color blanco. Estos colores les ayudan a ocultarse entre los pastos. Este camuflaje es su principal defensa contra los guepardos y otros depredadores.

Cada año, más de un millón de ñus se reúnen para una de las **migraciones** más espectaculares del mundo. Después de la temporada de lluvias, emigran del Serengeti a las zonas forestales abiertas. A fin de cuentas, donde hay lluvia crece el pasto, y a los ñus les encanta el pasto.

El grave gruñido del ñu macho suena como el croar de un sapo gigante.

# Rinocerontes y picabueyes

Las garrapatas y otros insectos son un grave problema para los rinocerontes negros, ya que muerden y perforan la piel. Por ello, es bueno que los picabueyes se alimenten de insectos. Los picabueyes se comen las garrapatas y los insectos que se trepan a los rinocerontes. ¡Qué suerte tienen los rinocerontes!

Las termitas son parte importante del sistema ecológico del Serengeti. Los termiteros están elevados a gran altura sobre las llanuras. Los termiteros son el hogar de las termitas. Están hechos con lodo del subsuelo, mezclado con **saliva** de termita. Las termitas cavan túneles bajo tierra para llegar a sus alimentos. Al realizar excavaciones subterráneas y mover el lodo y la tierra, las termitas ayudan a mantener sano el suelo.

# Hormigas susurrantes

Las hormigas susurrantes comen termitas. Cuando encuentran un termitero, lo rodean, entran en él y capturan el mayor número posible de termitas. Las hormigas susurrantes reciben este nombre por el sonido de susurro que emiten cuando son molestadas.

Muchos animales aprovechan los termiteros para tener una buena vista del área circundante.

termitas

# La gente de los pastizales

Durante siglos, nadie vivió en el Serengeti. Hace unos 150 años, el pueblo de los maasai llegó del norte. Los maasai eran agricultores y recolectores que sólo cazaban lo que necesitaban para vivir.

En la década de 1910, comenzaron a llegar exploradores europeos a los pastizales. Poco tiempo después llegaron cazadores europeos en busca de grandes presas. La cacería adquirió tanta popularidad que algunos animales estuvieron **en peligro de extinción**. Se aprobaron leyes para garantizar que los pastizales fueran un lugar seguro para los animales. Hoy en día, comienzan a aumentar las poblaciones de muchos animales en peligro.

Actualmente, los habitantes de Tanzania trabajan duro para proteger la región. Quieren que las generaciones futuras disfruten de las maravillas y bellezas de los pastizales africanos.

Los maasai son famosos por las hermosas artesanías que realizan con cuentas y por las elaboradas maneras en que decoran sus cuerpos.

# La garganta de Olduvai

La garganta de Olduvai es un pequeño cañón en las llanuras orientales del Serengeti. También es un sitio arqueológico. Louis y Mary Leakey y su hijo Richard son famosos **arqueólogos** que estudiaron los **fósiles** descubiertos en el lugar. También encontraron y estudiaron algunas de las herramientas de piedra más antiguas hechas y usadas por seres humanos.

# Glosario

**apacentador**—que se alimenta de pastos y plantas de baja altura

**arqueólogo**—un científico que estudia antiguas civilizaciones y artefactos

**cadáver**—el cuerpo de un animal muerto

**césped**—una gran extensión de pasto

**conservación**—las actividades que tienen como propósito salvar y proteger la naturaleza y los animales que viven en ella

**cráter**—una depresión en la tierra o en una montaña, causada por actividad volcánica o por el impacto de un objeto del espacio contra la Tierra

**depredador**—un animal que caza y mata otros animales para alimentarse

**en peligro de extinción**—en peligro de desaparecer para siempre

**fertilizantes**—los residuos que añaden nutrientes y minerales a la tierra

**fósiles**—los antiguos restos o rastros de plantas y animales conservados en las rocas

**caliche**—el suelo que ha sido horneado por el sol hasta que está tan duro como piedra

**maasai**—un pueblo africano que vive principalmente en Tanzania y Kenia, conocido sobre todo por la hermosa decoración de sus cuerpos

**manada**—un grupo de animales, tal como los leones, que viven, trabajan y juegan juntos

**migración**—el movimiento de grandes grupos de animales de un lugar a otro, usualmente para seguir sus fuentes de alimentos

**presa**—un animal que es cazado y matado por otros animales como alimento

**rizomas**—los tallos bajo tierra de algunas hierbas, similar a las raíces

**safari**—una expedición realizada por personas que exploran una región por diversión y para aprender

**saliva**—la humedad producida en la boca de los seres vivos; se utiliza para descomponer los alimentos al comer y durante la digestión

**social**—que forma relaciones de cooperación con un grupo

**volcán**—una apertura en la superficie de la tierra por la que salen lava y gases

# Índice

# Acerca del autor

William Rice creció en Pomona, California, y se graduó de la Universidad Estatal de Idaho con un título en geología. Trabaja en un organismo estatal de California que se esfuerza por proteger la calidad de los recursos de agua superficiales y bajo tierra. Para William es importante proteger y preservar el medio ambiente. Es casado, tiene dos hijos y vive en el sur de California.